RECTIFICATION

PAR LEMOINE-DUMESNY

AYANT

POUR BUT DE RÉTABLIR LA VÉRITÉ D'UN FAIT

CITÉ DANS L'OUVRAGE

SOUVENIRS DE L'INVASION A NEMOURS·

NEMOURS

IMPRIMERIE C. BOIRAMÉ

—

1877

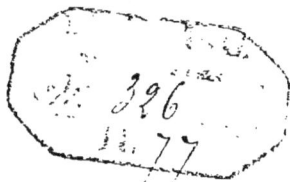

RECTIFICATION

PAR LEMOINE-DUMESNY

AYANT

POUR BUT DE RÉTABLIR LA VÉRITÉ D'UN FAIT

CITÉ DANS L'OUVRAGE

SOUVENIRS DE L'INVASION A NEMOURS

La malheureuse guerre que nous avons subie en 1870-1871 a laissé à tous les Français des douleurs cruelles ; certaines même que le temps n'effacera pas.

M. Roux, dans un ouvrage intitulé : *Souvenirs de l'invasion à Nemours,* semble avoir pris pour tâche de raviver des plaies encore saignantes.

L'auteur, dans son livre, parle de beaucoup de monde, et il en parle plus ou moins avantageusement, le mieux partagé, sans contredit, c'est lui. Je n'entends pas me faire le défenseur des personnes qu'il cite, car elles seraient plus aptes que moi de le faire si elles jugeaient que l'ouvrage de M. Roux méritât une réplique.

Dans le passage de ce livre qui me concerne, mon rôle

n'étant pas mis dans son véritable jour, il dépend de mon honneur de rétablir la vérité des faits. J'entends donc ne parler que de ce qui m'est personnel.

M. Roux, parlant de mon voyage à Bourron et de la délibération qu'a rendu contre moi le conseil municipal, semble prendre ma défense ; mais en laissant des faits inexpliqués il laisse planer des doutes sur ma conduite dans cette circonstance.

Je reproche donc à l'auteur de n'avoir exposé de cette affaire que le côté fâcheux pour moi, et si, ami de la vérité, M. Roux avait rapporté les faits tels qu'ils se sont passés, il n'aurait pas eu besoin de donner son appréciation, ils auraient parlé d'eux-mêmes et le lecteur aurait pu juger.

Après tout, M. Roux a peut-être la mémoire courte. Je vais donc lui rappeler ces faits et rectifier les erreurs qu'il a commises.

Le 23 septembre 1870, MM. Loyer, Boulet et moi, nous avons été nommés membres d'une commission qui avait pour but de faire l'acquisition, au compte de la ville, du bétail nécessaire à la nourriture des Prussiens, dont l'arrivée était annoncée.

Les trois membres de la commission furent d'avis de ne préparer ces vivres qu'au dernier moment, et lorsqu'ils seraient certains qu'il était indispensable de le faire.

C'est donc dans le seul but de me renseigner, afin de remplir plus scrupuleusement mon devoir et ménager les intérêts de la ville que je fis le voyage de Bourron.

Les événements ont justifié ma démarche, puisque ces troupes ne sont pas venues à Nemours.

J'allai dans cette direction, non pas avec l'idée de me concerter avec l'ennemi comme M. Roux semble l'insinuer, mais avec celle de me renseigner près des habitants de cette commune afin de remplir ma mission dans l'intérêt général.

A Bourron, au lieu d'être reçu par les habitants du pays

comme je le croyais, je fus pris par les Prussiens. Ce fait, inattendu pour moi, me fâcha, et comme il ne me plaisait pas d'être maltraité par l'ennemi, je me suis défendu et j'ai demandé à être conduit devant un chef. On me conduisit au château de Bourron, où se trouvait l'état-major. A mon arrivée, je fus entouré de soldats dont les fusils étaient pour ainsi dire dirigés sur moi : ils n'attendaient qu'un mot pour me fusiller. J'étais excité, j'étais décidé à mourir, voilà pourquoi j'ai parlé aussi hardiment.

Le chef prussien me demanda pourquoi on m'amenait auprès de lui, si j'étais maire et si j'apportais des papiers. Je lui répondis que je n'étais pas maire, que je n'apportais aucuns papiers et que je n'étais chargé par mes concitoyens d'aucune mission. Je lui dis cependant que je faisais partie du conseil municipal de Nemours, que je n'entendais pas lui parler à ce titre, mais seulement à celui de simple citoyen. Ensuite, je me suis défendu aussi bien qu'il m'était possible de le faire dans la circonstance ; j'ai fait ressortir la douleur que j'éprouvais de voir mes concitoyens endurer les souffrances imméritées que pouvait lui faire subir la présence de l'ennemi. Enfin, je le répète, je me suis défendu avec énergie, et j'ai réussi à convaincre cet ennemi de mes bonnes intentions. Il avait compris la douleur qui était en moi à la pensée de savoir que mes concitoyens pouvaient être maltraités par eux et que je voulais les défendre.

C'est pourquoi il me congédia en m'assurant qu'il ferait épargner la ville autant qu'on pouvait le faire en temps de guerre, mais que, quoi qu'il arrive, l'honneur des familles serait respecté.

Je doutais de sa parole ; il s'en aperçut aussitôt. Pour me convaincre il donna l'ordre de laisser sortir avec moi cinquante-trois personnes qui m'avaient précédée, et qui étaient détenues par eux dans une cour de Bourron.

A ma sortie, j'ai rencontré sur la route plus de cinq cents

personnes qui se dirigeaient sur ce pays. Je les ai engagées à ne pas aller plus loin pour qu'elles ne se trouvent pas, comme nous l'avions été, prisonnières de l'ennemi.

En revenant, j'étais heureux de pouvoir dire que les Prussiens annoncés ne viendraient pas à Nemours, et que les dépenses proposées à cet effet étaient tout à fait inutiles.

J'étais heureux de pouvoir dire aussi que le pays serait épargné et que l'honneur des familles serait respecté, quoi, qu'il arrive.

Comme je souffrais pour les autres autant que pour moi-même des tourments de toutes sortes que nous endurions, je désirais pouvoir convaincre tout le monde de la sincérité et de l'excellence de mes intentions, afin de rendre à tous la tranquillité et le calme d'esprit dont nous avions si besoin.

Telle a été ma conduite ; voilà de quels sentiments j'étais animé. De tout ce que j'ai avancé plus haut j'en puis donner des preuves attendu que tout ce que j'ai fait s'est passé devant témoins.

Ces preuves j'ai voulu les donner bien des fois aux personnes qui prétendaient avoir le droit de me juger, mais elles ont toujours éludé ma proposition.

D'autres auxquelles je n'ai jamais fait aucun mal, même à qui j'ai rendu service toutes les fois qu'elles me l'ont demandé, eh bien ! ces personnes ont excité contre moi la population, en publiant des choses fausses et impossibles.

M. Roux dit que je me suis présenté au camp prussien, à Bourron, en qualité de membre du conseil municipal de la ville de Nemours. Cette allégation est contraire à la vérité.

Il dit encore, qu'aussitôt le fait arrivé, M. le maire me fit arrêter. Ce fait est également erroné.

Ma conscience était pure : je désirais donner au maire et aux membres du conseil, pour qu'ils pussent les transmettre au public, les explications utiles à justifier ma conduite. Je mé rendis donc aussitôt et de mon chef à la mairie. On en est encore à vouloir m'interroger.

Le même soir, le conseil réuni m'interrogea pour la forme ; sans vouloir m'entendre il a délibéré, et je n'ai pas été appelé deux fois comme le prétend M. Roux dans son ouvrage.

Le président du conseil, poussé par quelques personnes que je ne nommerai pas (si ce n'est M. Roux), a eu la faiblesse de faire prendre, sous sa responsabilité, une délibération odieuse dont les honnêtes gens en seraient émus à la lecture.

Monsieur Roux, que je cite particulièrement, était violemment acharné contre moi dans cette séance.

Cette personne prétend prendre ma défense aujourd'hui dans son livre : il faut donc qu'il reconnaisse que sa conduite envers moi a été bien coupable et qu'il regrette le mal qu'il m'a causé à cette époque.

C'est pourquoi, ainsi que je l'ai dit plus haut, je lui reproche de ne pas dire tout ce qui s'est passé à mon sujet.

C'est principalement sur sa demande insistante que cette délibération a été rendue. Mais il ne dit pas tout, il serait honteux de l'avouer. Ce qu'il ne dit pas, moi je vais le faire connaître au public.

M. Roux déclare que j'ai reconnu avoir mérité la peine que m'infligeait le conseil, et que j'ai signé en pleurant. Mais ce qu'il ne dit pas, c'est que j'ai protesté de toutes mes forces contre cette mesure odieuse, il ne dit pas que j'ai signé par contrainte et malgré moi, il ne dit pas que j'ai été menacé d'un conseil de guerre.

Il ne dit pas non plus, et cette omission est regrettable, que l'on m'obligea, toujours avec menaces, de souscrire une obligation de dix mille francs, somme que j'avais offert, quelques jours auparavant, de prêter sans intérêts à la ville pour aider à traverser ces temps calamiteux.

A la page 37 de son ouvrage l'auteur écrit : « M. Lemoine,

mû par je ne sais quelle intention, pour gagner du temps, peut-être, alla tout droit à Bourron, se présenta aux Allemands comme conseiller municipal de Nemours, tint avec eux une conversation sur laquelle on n'a jamais rien su de positif et s'en revint parmi nous. » Ma réponse à ce passage est celle que j'ai faite en commençant, et si M. Roux semble l'ignorer, c'est qu'il l'a bien voulu.

Dans sa séance du 18 septembre, le conseil municipal, désirant assurer l'alimentation de la population, décida que les boulangers auraient constamment à leur disposition cent quatre-vingt sacs de farines qui leur seraient fournis par l'administration de la ville. M. Roux se souvient-il de ma bonne intention dans cette circonstance (bien que le conseil n'ait pas accepté ma proposition) puisque j'ai offert sans argent le blé nécessaire à la fabrication de ces farines.

M. Roux se souvient-il encore que, dans la séance du 22 septembre, le conseil avisant des moyens nécessaires pour se procurer des fonds qui lui étaient alors indispensables, j'ai offert spontanément, toujours sans intérêts, quelques billets de mille francs dont je pouvais disposer.

L'auteur rappelle qu'ayant resté quelques jours en prison — bien que n'ayant été frappé par aucune sentence — j'en sortis sous l'escorte protectrice de MM. Chouvin et Paquignon, pour lesquels (n'en déplaise à M. Roux) je conserverai toujours une grande estime et une profonde reconnaissance, — j'allai rejoindre ma famille en Suisse.

Mon premier devoir, en arrivant sur ce sol hospitalier et où les lois de mon pays pouvaient ne pas m'atteindre, mon premier devoir, dis-je, a été de me rendre auprès du consul de France, auquel je rendis compte de tout ce qui m'était arrivé, et me mis à la disposition de sa justice.

Tout d'abord, ce fonctionnaire me reçut très-froidement ; je le priai instamment de prendre des renseignements ; ce qu'il fit. Ensuite il m'engagea à protester et à poursuivre les auteurs de l'insulte qui m'avait été faite.

M. Roux, en parlant de sa captivité dans la prison de Fontainebleau, laisse supposer qu'elle ne fut pas bien pénible, on peut l'en croire ; peut-être que si le geôlier avait songé à lui procurer des mouchettes il l'aurait trouvé plaisante.

Il n'en fut pas de même pour moi. Pendant ma détention j'ai été nourri de pain sec et trois nuits j'ai couché sur la paille, et l'on ne m'a pas procuré la moindre chandelle.

Mme Roux a pu prodiguer au pauvre reclus (son mari) des consolations quotidiennes. Je n'eus pas ce bonheur de voir une personne amie ; je fus tenu au secret le plus rigoureux, tout comme un criminel.

M. Roux ne doit pas ignorer qu'à mon retour à Nemours, j'ai adressé à la commission municipale, alors en fonction, une protestation sur les mesures de rigueur dont j'avais été victime. Cette commision, dans sa séance du 1er avril 1871, a infirmé purement et simplement (dans la limite de ses pouvoirs) la délibération du conseil municipal du 22 septembre 1870. Je reproche à l'auteur de n'avoir pas inséré ce fait dans son livre, lui qui ne pouvait particulièrement l'ignorer étant alors président de cette commission.

Enfin, aux élections municipales qui suivirent, mes concitoyens, reconnaissant que j'avais été victime de mon dévouement aux intérêts de la ville, me réélurent membre du conseil. J'ai assisté ensuite, comme M. Roux, à toutes les opérations de ce corps délibérant.

Il est regrettable pour l'auteur d'un livre historique de commettre de semblables oublis.

Avant de terminer, je ne puis me dispenser de faire remarquer à M. Roux qu'il a manqué au respect que nous devons aux morts, en attaquant violemment un homme qui n'est plus là pour défendre sa gestion. Ça n'est pas là de la courtoisie, Monsieur !

Le violence de ce passage du livre me fait un devoir de ne pas le citer, attendu que les ouvriers malheureux qui ont travaillé à l'extraction des cailloux y sont cruellement calomniés. Je laisse donc à M. Roux toute la responsabilité de son appréciation.

Pour clore cette rectification, je demanderai à M. Roux s'il a pris exactement note de toutes les indemnités qui ont été payées pour ce fait ?...

En ce qui me concerne, je dois lui dire qu'il a été extrait des cailloux sur mes terrains, et je n'ai reçu aucune somme qui dût m'indemniser de ce dommage.

Mon intention était de distribuer cet argent aux travailleurs malheureux si maltraités dans son livre : *Souvenirs de l'invasion à Nemours.*

Je laisse maintenant à mes concitoyens le soin de juger ma conduite dans cette malheureuse circonstance.

LEMOINE,

Rue de la Saussaye, à Nemours.

NEMOURS. — IMPRIMERIE C. BOIRAMÉ.

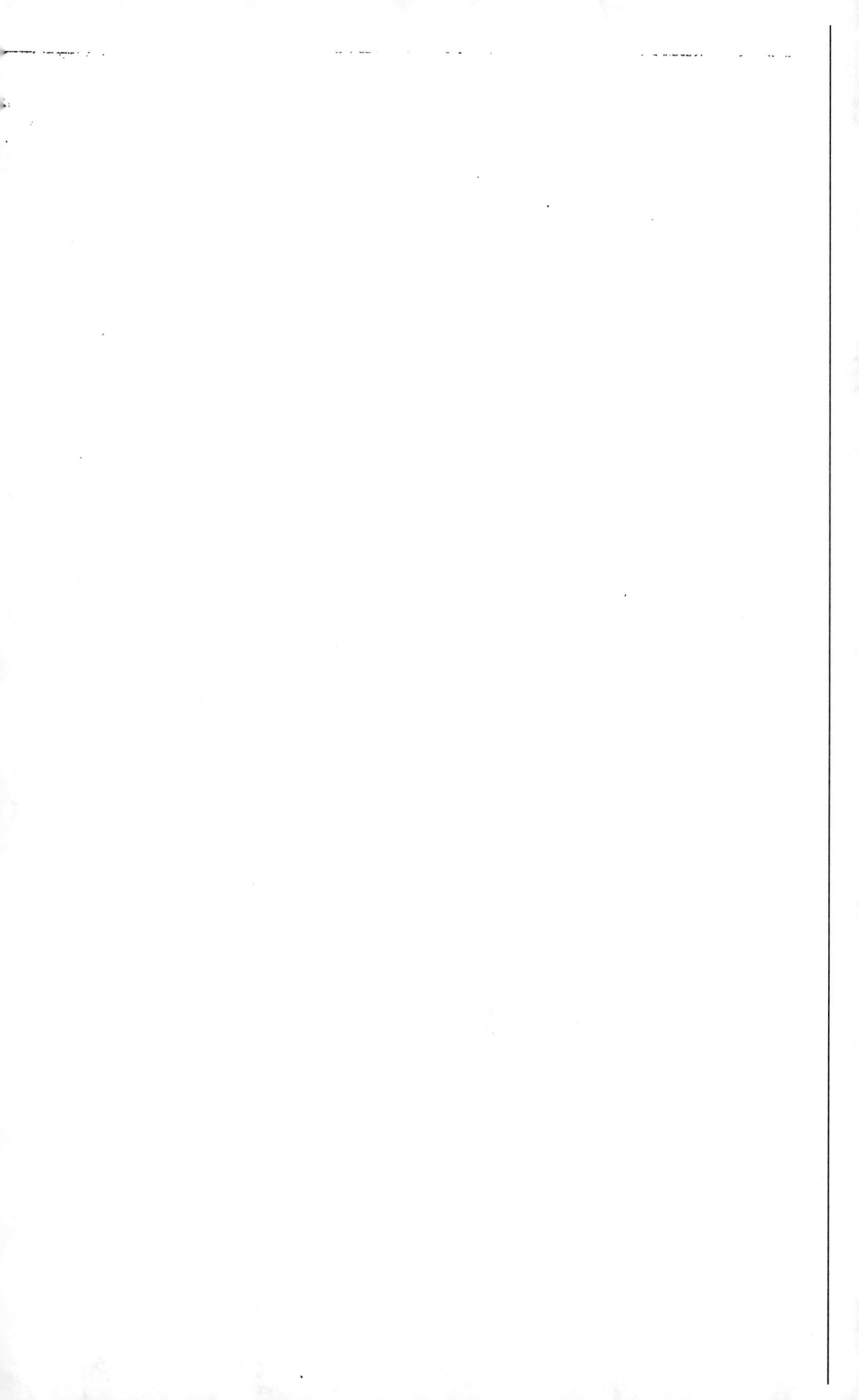

www.ingramcontent.com/pod-product-compliance
Lightning Source LLC
Chambersburg PA
CBHW060737280326
41933CB00013B/2675